property of

_____

Multiplication Practice Workbook

SINGLE DIGIT | 100 PAGES + ANSWERS | GRADES 3-4

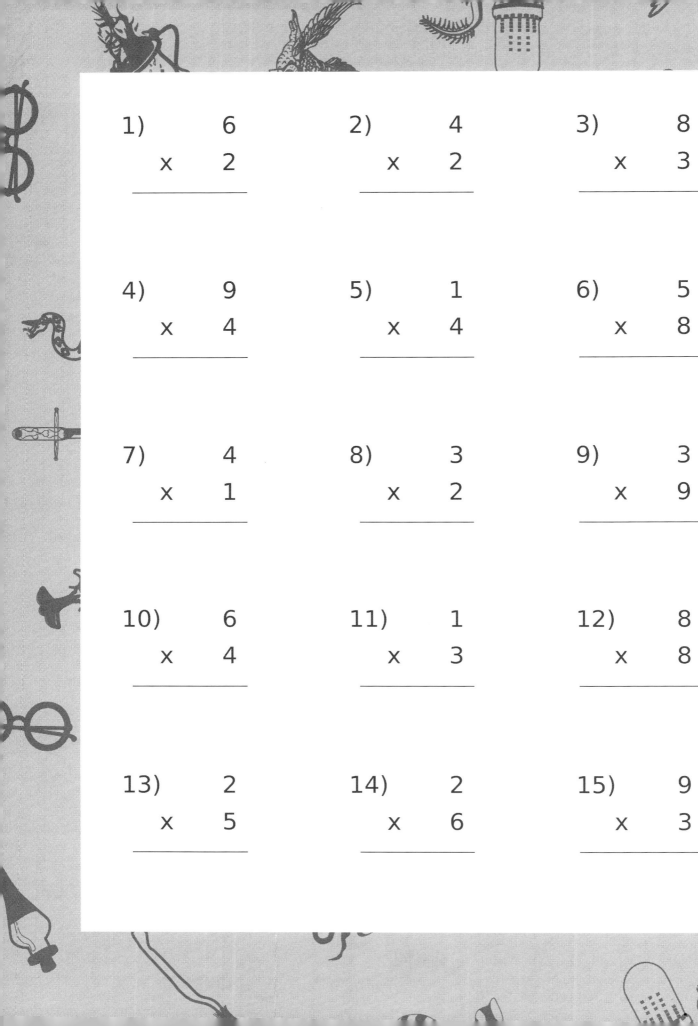

1)　　6
　×　　2
———————

2)　　4
　×　　2
———————

3)　　8
　×　　3
———————

4)　　9
　×　　4
———————

5)　　1
　×　　4
———————

6)　　5
　×　　8
———————

7)　　4
　×　　1
———————

8)　　3
　×　　2
———————

9)　　3
　×　　9
———————

10)　　6
　×　　4
———————

11)　　1
　×　　3
———————

12)　　8
　×　　8
———————

13)　　2
　×　　5
———————

14)　　2
　×　　6
———————

15)　　9
　×　　3
———————

16) 9
  x 8
  _____

17) 4
  x 2
  _____

18) 1
  x 8
  _____

19) 9
  x 2
  _____

20) 5
  x 8
  _____

21) 2
  x 1
  _____

22) 8
  x 2
  _____

23) 3
  x 8
  _____

24) 4
  x 1
  _____

25) 3
  x 3
  _____

26) 5
  x 9
  _____

27) 2
  x 5
  _____

28) 4
  x 4
  _____

29) 5
  x 5
  _____

30) 1
  x 1
  _____

31)   8
   x 6
   _____

32)   7
   x 9
   _____

33)   5
   x 3
   _____

34)   4
   x 6
   _____

35)   8
   x 5
   _____

36)   9
   x 9
   _____

37)   2
   x 9
   _____

38)   4
   x 1
   _____

39)   7
   x 6
   _____

40)   6
   x 3
   _____

41)   6
   x 8
   _____

42)   1
   x 1
   _____

43)   5
   x 9
   _____

44)   1
   x 2
   _____

45)   3
   x 9
   _____

46) 4	47) 3	48) 5
x 6	x 5	x 4

49) 7	50) 7	51) 2
x 4	x 6	x 3

52) 8	53) 3	54) 1
x 5	x 1	x 8

55) 5	56) 6	57) 7
x 5	x 2	x 2

58) 5	59) 4	60) 8
x 1	x 4	x 7

61)	5		62)	3		63)	1
x	5		x	9		x	6

64)	5		65)	1		66)	4
x	2		x	9		x	4

67)	6		68)	8		69)	9
x	6		x	2		x	4

70)	4		71)	2		72)	2
x	1		x	2		x	3

73)	3		74)	4		75)	4
x	5		x	9		x	8

76)	7 x 7	77)	8 x 7	78)	3 x 9
79)	1 x 5	80)	2 x 4	81)	1 x 6
82)	9 x 8	83)	6 x 1	84)	1 x 2
85)	2 x 9	86)	9 x 2	87)	6 x 9
88)	5 x 8	89)	4 x 8	90)	6 x 3

91)   9
  x   5
_____

92)   9
  x   2
_____

93)   1
  x   1
_____

94)   7
  x   6
_____

95)   2
  x   9
_____

96)   7
  x   5
_____

97)   6
  x   8
_____

98)   4
  x   1
_____

99)   2
  x   5
_____

100)   8
  x   4
_____

101)   5
  x   9
_____

102)   9
  x   9
_____

103)   3
  x   1
_____

104)   4
  x   5
_____

105)   6
  x   1
_____

| 106) | 4 | 107) | 4 | 108) | 9 |
| | x 6 | | x 9 | | x 9 |

| 109) | 6 | 110) | 2 | 111) | 2 |
| | x 8 | | x 4 | | x 5 |

| 112) | 2 | 113) | 7 | 114) | 8 |
| | x 8 | | x 3 | | x 4 |

| 115) | 4 | 116) | 1 | 117) | 4 |
| | x 3 | | x 2 | | x 1 |

| 118) | 9 | 119) | 5 | 120) | 8 |
| | x 5 | | x 3 | | x 5 |

121)   2
  x   9
_____

122)   1
  x   6
_____

123)   6
  x   1
_____

124)   5
  x   1
_____

125)   6
  x   9
_____

126)   4
  x   2
_____

127)   7
  x   2
_____

128)   7
  x   3
_____

129)   2
  x   1
_____

130)   7
  x   8
_____

131)   4
  x   5
_____

132)   8
  x   8
_____

133)   2
  x   7
_____

134)   1
  x   1
_____

135)   8
  x   4
_____

136)   6
  x   8
_____

137)   4
  x   1
_____

138)   3
  x   8
_____

139)   2
  x   9
_____

140)   8
  x   2
_____

141)   2
  x   3
_____

142)   4
  x   3
_____

143)   4
  x   5
_____

144)   8
  x   5
_____

145)   8
  x   6
_____

146)   1
  x   6
_____

147)   8
  x   1
_____

148)   3
  x   7
_____

149)   7
  x   1
_____

150)   1
  x   4
_____

151)	6	152)	6	153)	7
x	8	x	4	x	7

154)	4	155)	2	156)	6
x	6	x	5	x	9

157)	9	158)	4	159)	5
x	7	x	8	x	4

160)	4	161)	3	162)	7
x	2	x	8	x	4

163)	5	164)	5	165)	9
x	3	x	5	x	3

166) 1
    x 8
    _____

167) 2
    x 3
    _____

168) 9
    x 8
    _____

169) 8
    x 8
    _____

170) 3
    x 5
    _____

171) 2
    x 6
    _____

172) 7
    x 9
    _____

173) 4
    x 3
    _____

174) 9
    x 9
    _____

175) 8
    x 1
    _____

176) 3
    x 1
    _____

177) 7
    x 8
    _____

178) 3
    x 9
    _____

179) 5
    x 1
    _____

180) 6
    x 9
    _____

181)   7
  x   5
_____

182)   2
  x   2
_____

183)   9
  x   4
_____

184)   5
  x   7
_____

185)   1
  x   4
_____

186)   1
  x   6
_____

187)   8
  x   4
_____

188)   3
  x   3
_____

189)   4
  x   7
_____

190)   5
  x   2
_____

191)   5
  x   4
_____

192)   6
  x   6
_____

193)   3
  x   4
_____

194)   7
  x   3
_____

195)   9
  x   6
_____

196) 7	197) 4	198) 7
x 7	x 6	x 1

199) 3	200) 1	201) 9
x 5	x 6	x 6

202) 2	203) 8	204) 1
x 1	x 6	x 7

205) 6	206) 3	207) 6
x 2	x 6	x 9

208) 6	209) 5	210) 4
x 7	x 4	x 3

211)   3
  x   8
_____

212)   6
  x   3
_____

213)   4
  x   2
_____

214)   5
  x   8
_____

215)   9
  x   2
_____

216)   3
  x   4
_____

217)   4
  x   3
_____

218)   2
  x   4
_____

219)   8
  x   9
_____

220)   7
  x   3
_____

221)   5
  x   4
_____

222)   1
  x   4
_____

223)   6
  x   2
_____

224)   2
  x   6
_____

225)   1
  x   5
_____

226)	4		227)	3		228)	5
x	1		x	4		x	2

229)	8		230)	6		231)	5
x	2		x	5		x	3

232)	2		233)	7		234)	9
x	9		x	3		x	9

235)	1		236)	1		237)	3
x	3		x	5		x	5

238)	8		239)	6		240)	5
x	8		x	2		x	6

241)   7
  x   7
_____

242)   6
  x   1
_____

243)   9
  x   9
_____

244)   5
  x   7
_____

245)   4
  x   4
_____

246)   7
  x   6
_____

247)   2
  x   5
_____

248)   9
  x   2
_____

249)   7
  x   9
_____

250)   3
  x   1
_____

251)   6
  x   3
_____

252)   9
  x   7
_____

253)   4
  x   3
_____

254)   1
  x   3
_____

255)   6
  x   8
_____

256) 6	257) 9	258) 7
x 5	x 9	x 2

259) 8	260) 5	261) 6
x 9	x 2	x 1

262) 4	263) 2	264) 1
x 5	x 8	x 3

265) 8	266) 9	267) 1
x 4	x 6	x 4

268) 4	269) 4	270) 8
x 8	x 2	x 8

271)   7
  x   8
_____

272)   8
  x   6
_____

273)   2
  x   4
_____

274)   3
  x   8
_____

275)   2
  x   1
_____

276)   9
  x   5
_____

277)   1
  x   1
_____

278)   3
  x   9
_____

279)   8
  x   5
_____

280)   5
  x   6
_____

281)   8
  x   9
_____

282)   2
  x   6
_____

283)   8
  x   4
_____

284)   5
  x   7
_____

285)   9
  x   4
_____

286) 1
   x 5
   _____

287) 1
   x 8
   _____

288) 2
   x 6
   _____

289) 2
   x 1
   _____

290) 3
   x 7
   _____

291) 7
   x 2
   _____

292) 5
   x 6
   _____

293) 9
   x 8
   _____

294) 4
   x 2
   _____

295) 8
   x 5
   _____

296) 1
   x 2
   _____

297) 4
   x 8
   _____

298) 7
   x 9
   _____

299) 6
   x 3
   _____

300) 3
   x 6
   _____

301)	5	302)	2	303)	1
x	5	x	1	x	2

304)	3	305)	3	306)	9
x	3	x	7	x	1

307)	7	308)	4	309)	6
x	2	x	1	x	9

310)	7	311)	2	312)	5
x	8	x	4	x	1

313)	8	314)	9	315)	3
x	7	x	3	x	4

316)	1	317)	2	318)	4
x	7	x	8	x	6

319)	1	320)	6	321)	5
x	8	x	5	x	1

322)	3	323)	7	324)	5
x	7	x	3	x	9

325)	1	326)	8	327)	3
x	9	x	9	x	4

328)	2	329)	1	330)	2
x	6	x	3	x	2

331)	6	332)	8	333)	2
x	5	x	8	x	3

334)	3	335)	9	336)	7
x	6	x	9	x	1

337)	2	338)	7	339)	7
x	1	x	6	x	9

340)	2	341)	5	342)	9
x	6	x	6	x	6

343)	9	344)	9	345)	1
x	7	x	5	x	7

346)   5
  x   6
_____

347)   1
  x   7
_____

348)   1
  x   6
_____

349)   3
  x   9
_____

350)   6
  x   2
_____

351)   2
  x   8
_____

352)   6
  x   7
_____

353)   1
  x   5
_____

354)   5
  x   1
_____

355)   1
  x   8
_____

356)   2
  x   1
_____

357)   7
  x   5
_____

358)   9
  x   7
_____

359)   3
  x   7
_____

360)   3
  x   2
_____

361)　1
　　 x　2
　　 ─────

362)　8
　　 x　9
　　 ─────

363)　4
　　 x　8
　　 ─────

364)　3
　　 x　1
　　 ─────

365)　9
　　 x　7
　　 ─────

366)　9
　　 x　8
　　 ─────

367)　9
　　 x　6
　　 ─────

368)　3
　　 x　3
　　 ─────

369)　6
　　 x　6
　　 ─────

370)　5
　　 x　2
　　 ─────

371)　9
　　 x　9
　　 ─────

372)　9
　　 x　3
　　 ─────

373)　4
　　 x　5
　　 ─────

374)　7
　　 x　5
　　 ─────

375)　1
　　 x　3
　　 ─────

376)	9	377)	6	378)	5
x	6	x	6	x	5

379)	5	380)	1	381)	4
x	1	x	7	x	3

382)	7	383)	3	384)	3
x	2	x	7	x	9

385)	9	386)	9	387)	2
x	9	x	8	x	5

388)	3	389)	4	390)	5
x	5	x	4	x	3

391)   1
  x   5
_____

392)   5
  x   2
_____

393)   3
  x   1
_____

394)   1
  x   8
_____

395)   8
  x   6
_____

396)   3
  x   4
_____

397)   9
  x   1
_____

398)   7
  x   9
_____

399)   9
  x   6
_____

400)   9
  x   9
_____

401)   6
  x   6
_____

402)   3
  x   7
_____

403)   3
  x   6
_____

404)   9
  x   7
_____

405)   4
  x   7
_____

406)	4	407)	8	408)	1
x	8	x	8	x	2

409)	9	410)	7	411)	9
x	9	x	2	x	8

412)	2	413)	9	414)	8
x	5	x	7	x	4

415)	8	416)	5	417)	1
x	3	x	7	x	3

418)	4	419)	8	420)	3
x	4	x	5	x	2

421)	4		422)	8		423)	4
x	5		x	9		x	8

424)	2		425)	2		426)	5
x	8		x	3		x	5

427)	1		428)	1		429)	7
x	4		x	1		x	3

430)	3		431)	4		432)	8
x	6		x	2		x	8

433)	1		434)	1		435)	2
x	6		x	7		x	4

436)   2
  x   1
_____

437)   8
  x   8
_____

438)   7
  x   8
_____

439)   6
  x   4
_____

440)   9
  x   8
_____

441)   3
  x   9
_____

442)   8
  x   9
_____

443)   9
  x   2
_____

444)   9
  x   3
_____

445)   3
  x   8
_____

446)   5
  x   8
_____

447)   9
  x   5
_____

448)   9
  x   6
_____

449)   8
  x   6
_____

450)   4
  x   7
_____

451)   4
     x   1
   ⎯⎯⎯⎯⎯⎯

452)   7
     x   3
   ⎯⎯⎯⎯⎯⎯

453)   4
     x   7
   ⎯⎯⎯⎯⎯⎯

454)   3
     x   4
   ⎯⎯⎯⎯⎯⎯

455)   9
     x   5
   ⎯⎯⎯⎯⎯⎯

456)   5
     x   5
   ⎯⎯⎯⎯⎯⎯

457)   3
     x   2
   ⎯⎯⎯⎯⎯⎯

458)   8
     x   8
   ⎯⎯⎯⎯⎯⎯

459)   8
     x   7
   ⎯⎯⎯⎯⎯⎯

460)   2
     x   8
   ⎯⎯⎯⎯⎯⎯

461)   3
     x   8
   ⎯⎯⎯⎯⎯⎯

462)   5
     x   9
   ⎯⎯⎯⎯⎯⎯

463)   8
     x   9
   ⎯⎯⎯⎯⎯⎯

464)   2
     x   1
   ⎯⎯⎯⎯⎯⎯

465)   1
     x   2
   ⎯⎯⎯⎯⎯⎯

466)	6	467)	7	468)	5
x	3	x	7	x	2

469)	5	470)	4	471)	6
x	9	x	2	x	4

472)	7	473)	8	474)	3
x	8	x	2	x	6

475)	5	476)	4	477)	7
x	3	x	3	x	5

478)	4	479)	8	480)	3
x	5	x	7	x	1

481)	3 x 3	482)	2 x 5	483)	3 x 5
484)	6 x 2	485)	7 x 4	486)	5 x 4
487)	1 x 4	488)	4 x 7	489)	9 x 8
490)	4 x 3	491)	7 x 5	492)	6 x 8
493)	1 x 1	494)	1 x 9	495)	8 x 5

| 496) | 8 | 497) | 3 | 498) | 9 |
| | x 5 | | x 3 | | x 4 |

| 499) | 6 | 500) | 7 | 501) | 2 |
| | x 6 | | x 2 | | x 3 |

| 502) | 9 | 503) | 6 | 504) | 3 |
| | x 7 | | x 1 | | x 4 |

| 505) | 7 | 506) | 2 | 507) | 7 |
| | x 9 | | x 7 | | x 4 |

| 508) | 9 | 509) | 5 | 510) | 7 |
| | x 8 | | x 8 | | x 5 |

511)	3 x 7	512)	5 x 2	513)	4 x 4
514)	6 x 8	515)	2 x 9	516)	7 x 6
517)	2 x 2	518)	3 x 4	519)	6 x 1
520)	8 x 9	521)	9 x 8	522)	3 x 1
523)	4 x 3	524)	2 x 1	525)	7 x 2

526) 4	527) 9	528) 8
x 6	x 2	x 1

529) 4	530) 2	531) 1
x 4	x 8	x 9

532) 3	533) 4	534) 7
x 6	x 2	x 8

535) 5	536) 8	537) 2
x 9	x 8	x 3

538) 9	539) 8	540) 4
x 6	x 4	x 9

541)	3	542)	1	543)	1
x	2	x	6	x	1

544)	9	545)	5	546)	8
x	1	x	8	x	7

547)	1	548)	2	549)	5
x	2	x	1	x	9

550)	4	551)	2	552)	8
x	6	x	7	x	5

553)	3	554)	7	555)	2
x	1	x	6	x	4

556)	7	557)	3	558)	4
x	2	x	4	x	4

559)	7	560)	1	561)	8
x	6	x	4	x	4

562)	9	563)	5	564)	8
x	2	x	1	x	5

565)	6	566)	4	567)	7
x	8	x	5	x	7

568)	6	569)	4	570)	1
x	4	x	2	x	1

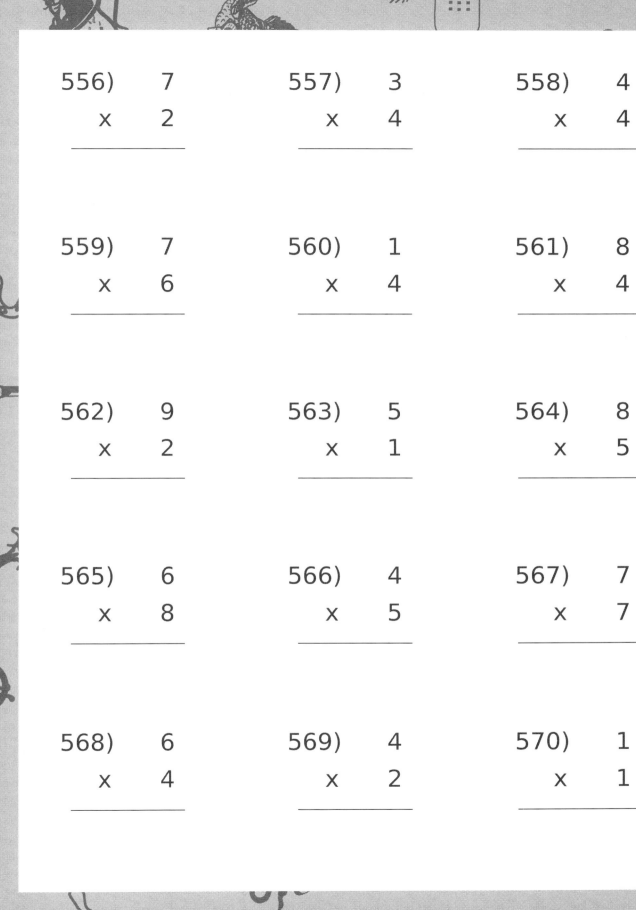

571)   4
  x   8
_____

572)   7
  x   4
_____

573)   2
  x   2
_____

574)   6
  x   8
_____

575)   9
  x   9
_____

576)   2
  x   5
_____

577)   1
  x   1
_____

578)   6
  x   3
_____

579)   8
  x   6
_____

580)   5
  x   6
_____

581)   8
  x   4
_____

582)   2
  x   3
_____

583)   7
  x   1
_____

584)   3
  x   9
_____

585)   3
  x   2
_____

586)	4	587)	8	588)	3
x	9	x	9	x	3

589)	9	590)	9	591)	5
x	9	x	8	x	7

592)	3	593)	9	594)	7
x	6	x	5	x	7

595)	5	596)	9	597)	1
x	4	x	1	x	2

598)	5	599)	6	600)	2
x	3	x	1	x	6

601)	3	602)	3	603)	8
x	2	x	5	x	3

604)	3	605)	1	606)	7
x	6	x	1	x	1

607)	9	608)	6	609)	9
x	5	x	2	x	9

610)	9	611)	3	612)	1
x	3	x	7	x	4

613)	3	614)	4	615)	6
x	3	x	5	x	5

616)   2
  x   2
_____

617)   8
  x   5
_____

618)   9
  x   2
_____

619)   9
  x   1
_____

620)   1
  x   1
_____

621)   6
  x   2
_____

622)   8
  x   9
_____

623)   9
  x   3
_____

624)   7
  x   7
_____

625)   7
  x   1
_____

626)   5
  x   3
_____

627)   6
  x   1
_____

628)   2
  x   6
_____

629)   6
  x   9
_____

630)   5
  x   4
_____

631)	8 x 2	632)	9 x 2	633)	3 x 7
634)	3 x 6	635)	9 x 1	636)	4 x 7
637)	3 x 8	638)	9 x 9	639)	6 x 9
640)	8 x 5	641)	4 x 5	642)	8 x 9
643)	7 x 8	644)	8 x 3	645)	7 x 2

646)   5
  x   1
_____

647)   2
  x   1
_____

648)   7
  x   9
_____

649)   6
  x   8
_____

650)   7
  x   7
_____

651)   5
  x   3
_____

652)   2
  x   4
_____

653)   8
  x   2
_____

654)   3
  x   9
_____

655)   3
  x   2
_____

656)   9
  x   1
_____

657)   6
  x   5
_____

658)   7
  x   2
_____

659)   8
  x   5
_____

660)   7
  x   5
_____

661)	5 x 5	662)	4 x 3	663)	9 x 8
664)	1 x 7	665)	5 x 4	666)	2 x 5
667)	5 x 1	668)	1 x 6	669)	3 x 5
670)	4 x 7	671)	1 x 5	672)	8 x 7
673)	2 x 3	674)	8 x 8	675)	2 x 9

676)	1	677)	6	678)	4
x	3	x	7	x	8

679)	6	680)	6	681)	4
x	2	x	5	x	6

682)	8	683)	9	684)	6
x	3	x	4	x	1

685)	8	686)	3	687)	2
x	1	x	1	x	9

688)	3	689)	5	690)	9
x	9	x	9	x	8

691)   8
  x   7
_____

692)   4
  x   5
_____

693)   3
  x   2
_____

694)   1
  x   4
_____

695)   5
  x   3
_____

696)   3
  x   8
_____

697)   1
  x   7
_____

698)   6
  x   9
_____

699)   9
  x   2
_____

700)   5
  x   1
_____

701)   2
  x   3
_____

702)   3
  x   6
_____

703)   7
  x   7
_____

704)   6
  x   2
_____

705)   7
  x   3
_____

706)	8 x 2	707)	9 x 4	708)	8 x 7
709)	3 x 7	710)	1 x 1	711)	3 x 9
712)	4 x 2	713)	6 x 1	714)	7 x 8
715)	8 x 1	716)	5 x 9	717)	2 x 7
718)	7 x 1	719)	8 x 9	720)	2 x 1

721)	5	722)	4	723)	6
x	9	x	5	x	7

721) 5
   x 9
_____

722) 4
   x 5
_____

723) 6
   x 7
_____

724) 6
   x 1
_____

725) 1
   x 1
_____

726) 2
   x 8
_____

727) 6
   x 9
_____

728) 4
   x 9
_____

729) 4
   x 2
_____

730) 9
   x 5
_____

731) 3
   x 7
_____

732) 3
   x 4
_____

733) 7
   x 1
_____

734) 8
   x 6
_____

735) 9
   x 2
_____

736)	3		737)	5		738)	8
x	5		x	6		x	8

739)	1		740)	6		741)	3
x	7		x	4		x	8

742)	4		743)	8		744)	2
x	5		x	2		x	7

745)	8		746)	7		747)	9
x	9		x	5		x	2

748)	1		749)	9		750)	2
x	5		x	8		x	4

751) 9
    x 8
    _____

752) 5
    x 5
    _____

753) 7
    x 1
    _____

754) 1
    x 5
    _____

755) 9
    x 3
    _____

756) 5
    x 2
    _____

757) 8
    x 9
    _____

758) 6
    x 9
    _____

759) 8
    x 4
    _____

760) 4
    x 2
    _____

761) 1
    x 4
    _____

762) 6
    x 8
    _____

763) 8
    x 6
    _____

764) 4
    x 3
    _____

765) 3
    x 6
    _____

766)	8	767)	6	768)	7
x	5	x	7	x	2

769)	5	770)	5	771)	9
x	9	x	7	x	9

772)	5	773)	6	774)	5
x	2	x	9	x	3

775)	1	776)	7	777)	8
x	7	x	3	x	6

778)	7	779)	4	780)	8
x	7	x	1	x	8

781)   1
  x   4
_____

782)   8
  x   1
_____

783)   4
  x   2
_____

784)   4
  x   5
_____

785)   5
  x   1
_____

786)   8
  x   7
_____

787)   3
  x   2
_____

788)   5
  x   4
_____

789)   7
  x   3
_____

790)   9
  x   5
_____

791)   3
  x   3
_____

792)   5
  x   6
_____

793)   9
  x   7
_____

794)   1
  x   3
_____

795)   9
  x   8
_____

```
796)    2          797)    9          798)    5
     x  1               x  8               x  9
   _____          _____          _____


799)    3          800)    3          801)    2
     x  2               x  9               x  8
   _____          _____          _____


802)    5          803)    2          804)    8
     x  6               x  2               x  9
   _____          _____          _____


805)    7          806)    4          807)    8
     x  6               x  9               x  5
   _____          _____          _____


808)    3          809)    3          810)    2
     x  7               x  1               x  6
   _____          _____          _____
```

811)	4 x 6	812)	3 x 1	813)	4 x 1
814)	4 x 7	815)	1 x 2	816)	4 x 8
817)	6 x 3	818)	1 x 9	819)	7 x 9
820)	4 x 4	821)	1 x 7	822)	7 x 1
823)	3 x 7	824)	3 x 3	825)	6 x 7

826)   4
  x   5
_____

827)   3
  x   8
_____

828)   1
  x   3
_____

829)   2
  x   1
_____

830)   8
  x   7
_____

831)   9
  x   9
_____

832)   2
  x   9
_____

833)   7
  x   2
_____

834)   7
  x   3
_____

835)   9
  x   4
_____

836)   3
  x   6
_____

837)   8
  x   8
_____

838)   5
  x   1
_____

839)   5
  x   4
_____

840)   5
  x   7
_____

841)　　4
　　x　3
　　————

842)　　9
　　x　4
　　————

843)　　5
　　x　4
　　————

844)　　4
　　x　5
　　————

845)　　5
　　x　5
　　————

846)　　2
　　x　9
　　————

847)　　6
　　x　8
　　————

848)　　1
　　x　1
　　————

849)　　8
　　x　2
　　————

850)　　5
　　x　6
　　————

851)　　3
　　x　5
　　————

852)　　5
　　x　2
　　————

853)　　9
　　x　3
　　————

854)　　4
　　x　4
　　————

855)　　3
　　x　6
　　————

856)	4 x 1	857)	3 x 3	858)	8 x 6
859)	9 x 2	860)	4 x 3	861)	5 x 8
862)	7 x 5	863)	1 x 4	864)	1 x 9
865)	3 x 4	866)	5 x 9	867)	3 x 1
868)	1 x 1	869)	4 x 5	870)	2 x 1

871)	8	872)	2	873)	9
x	7	x	4	x	8

874)	8	875)	3	876)	9
x	8	x	9	x	1

877)	4	878)	7	879)	8
x	4	x	5	x	1

880)	5	881)	9	882)	4
x	4	x	5	x	7

883)	5	884)	7	885)	3
x	5	x	3	x	6

886)	1	887)	2	888)	6
x	2	x	6	x	1

889)	4	890)	4	891)	3
x	1	x	7	x	7

892)	4	893)	3	894)	2
x	5	x	6	x	9

895)	3	896)	7	897)	7
x	8	x	5	x	6

898)	1	899)	6	900)	6
x	8	x	5	x	6

901)   6
  x   5

902)   2
  x   1

903)   1
  x   1

904)   4
  x   4

905)   9
  x   5

906)   5
  x   7

907)   7
  x   2

908)   1
  x   4

909)   6
  x   7

910)   2
  x   4

911)   2
  x   8

912)   2
  x   6

913)   5
  x   6

914)   8
  x   4

915)   9
  x   7

916)	2	917)	8	918)	5
x	1	x	2	x	7

919)	6	920)	2	921)	1
x	2	x	6	x	3

922)	3	923)	1	924)	6
x	2	x	1	x	6

925)	2	926)	5	927)	8
x	3	x	1	x	9

928)	7	929)	2	930)	6
x	9	x	5	x	1

| 931) | 3 | 932) | 3 | 933) | 5 |
| | x 8 | | x 9 | | x 9 |

| 934) | 6 | 935) | 2 | 936) | 8 |
| | x 3 | | x 8 | | x 9 |

| 937) | 3 | 938) | 4 | 939) | 3 |
| | x 1 | | x 1 | | x 4 |

| 940) | 6 | 941) | 9 | 942) | 1 |
| | x 2 | | x 7 | | x 5 |

| 943) | 8 | 944) | 4 | 945) | 7 |
| | x 8 | | x 5 | | x 3 |

946)	1	947)	3	948)	2
x	7	x	6	x	1

949)	1	950)	3	951)	8
x	3	x	5	x	9

952)	3	953)	4	954)	5
x	1	x	8	x	1

955)	7	956)	2	957)	6
x	7	x	6	x	4

958)	1	959)	2	960)	8
x	4	x	7	x	1

961) 1
  x   7
_____

962) 5
  x   7
_____

963) 8
  x   8
_____

964) 3
  x   5
_____

965) 2
  x   4
_____

966) 1
  x   4
_____

967) 5
  x   4
_____

968) 8
  x   6
_____

969) 3
  x   9
_____

970) 5
  x   1
_____

971) 5
  x   9
_____

972) 2
  x   1
_____

973) 9
  x   6
_____

974) 2
  x   7
_____

975) 8
  x   2
_____

976)	4		977)	1		978)	9
x	5		x	3		x	5

979)	1		980)	6		981)	7
x	1		x	5		x	6

982)	2		983)	2		984)	2
x	8		x	4		x	9

985)	9		986)	3		987)	2
x	9		x	7		x	5

988)	4		989)	4		990)	7
x	3		x	2		x	2

991)	1	992)	5	993)	6
x	1	x	8	x	2

994)	3	995)	7	996)	9
x	9	x	6	x	9

997)	9	998)	8	999)	1
x	8	x	3	x	4

1000)	9	1001)	3	1002)	5
x	7	x	7	x	9

1003)	1	1004)	8	1005)	7
x	5	x	2	x	7

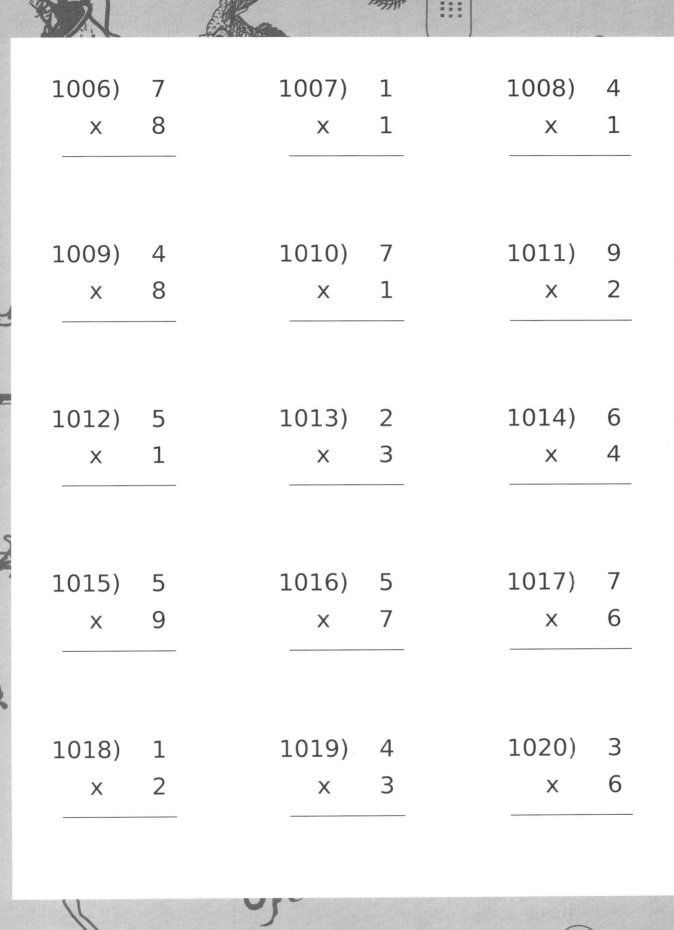

1006) 7
    x 8
_____

1007) 1
    x 1
_____

1008) 4
    x 1
_____

1009) 4
    x 8
_____

1010) 7
    x 1
_____

1011) 9
    x 2
_____

1012) 5
    x 1
_____

1013) 2
    x 3
_____

1014) 6
    x 4
_____

1015) 5
    x 9
_____

1016) 5
    x 7
_____

1017) 7
    x 6
_____

1018) 1
    x 2
_____

1019) 4
    x 3
_____

1020) 3
    x 6
_____

1021) 4	1022) 5	1023) 7
x 6	x 5	x 7

1024) 1	1025) 5	1026) 6
x 8	x 1	x 5

1027) 1	1028) 3	1029) 2
x 5	x 5	x 4

1030) 2	1031) 7	1032) 9
x 1	x 5	x 1

1033) 8	1034) 6	1035) 6
x 2	x 9	x 3

1036) 1 x 9	1037) 7 x 5	1038) 8 x 2
1039) 4 x 7	1040) 7 x 9	1041) 3 x 4
1042) 8 x 5	1043) 4 x 2	1044) 7 x 8
1045) 5 x 1	1046) 7 x 6	1047) 5 x 8
1048) 8 x 6	1049) 2 x 4	1050) 1 x 4

1051)	7		1052)	3		1053)	3
x	7		x	3		x	8

1054)	4		1055)	3		1056)	1
x	4		x	7		x	9

1057)	2		1058)	1		1059)	3
x	3		x	7		x	6

1060)	7		1061)	3		1062)	4
x	3		x	2		x	3

1063)	6		1064)	7		1065)	5
x	2		x	9		x	9

1066)	7	1067)	6	1068)	7
x	8	x	4	x	4

1069)	8	1070)	5	1071)	3
x	1	x	8	x	2

1072)	6	1073)	9	1074)	6
x	5	x	5	x	1

1075)	4	1076)	4	1077)	1
x	9	x	3	x	8

1078)	1	1079)	7	1080)	9
x	6	x	9	x	6

1081)   7
  x   1
_____

1082)   2
  x   9
_____

1083)   6
  x   8
_____

1084)   4
  x   1
_____

1085)   7
  x   3
_____

1086)   6
  x   6
_____

1087)   6
  x   3
_____

1088)   6
  x   2
_____

1089)   2
  x   7
_____

1090)   1
  x   1
_____

1091)   2
  x   4
_____

1092)   6
  x   1
_____

1093)   8
  x   3
_____

1094)   1
  x   2
_____

1095)   6
  x   4
_____

1096) 9
     x 3
     ———————

1097) 6
     x 5
     ———————

1098) 4
     x 4
     ———————

1099) 1
     x 1
     ———————

1100) 6
     x 2
     ———————

1101) 3
     x 3
     ———————

1102) 6
     x 3
     ———————

1103) 7
     x 9
     ———————

1104) 6
     x 8
     ———————

1105) 4
     x 5
     ———————

1106) 9
     x 4
     ———————

1107) 7
     x 6
     ———————

1108) 9
     x 2
     ———————

1109) 9
     x 6
     ———————

1110) 3
     x 1
     ———————

1111)　5
　　　x　8
　　　_____

1112)　2
　　　x　5
　　　_____

1113)　1
　　　x　1
　　　_____

1114)　2
　　　x　7
　　　_____

1115)　7
　　　x　8
　　　_____

1116)　1
　　　x　7
　　　_____

1117)　2
　　　x　4
　　　_____

1118)　8
　　　x　3
　　　_____

1119)　7
　　　x　2
　　　_____

1120)　9
　　　x　6
　　　_____

1121)　7
　　　x　7
　　　_____

1122)　4
　　　x　6
　　　_____

1123)　5
　　　x　4
　　　_____

1124)　2
　　　x　1
　　　_____

1125)　1
　　　x　2
　　　_____

1126)   7
  x   5
_____

1127)   8
  x   5
_____

1128)   7
  x   8
_____

1129)   4
  x   4
_____

1130)   5
  x   7
_____

1131)   9
  x   2
_____

1132)   8
  x   1
_____

1133)   8
  x   6
_____

1134)   8
  x   2
_____

1135)   6
  x   4
_____

1136)   7
  x   1
_____

1137)   6
  x   3
_____

1138)   9
  x   5
_____

1139)   3
  x   1
_____

1140)   5
  x   9
_____

1141)   5
  x   1
_____

1142)   9
  x   2
_____

1143)   7
  x   6
_____

1144)   5
  x   6
_____

1145)   7
  x   4
_____

1146)   7
  x   1
_____

1147)   3
  x   4
_____

1148)   6
  x   7
_____

1149)   2
  x   5
_____

1150)   3
  x   6
_____

1151)   1
  x   7
_____

1152)   7
  x   8
_____

1153)   3
  x   7
_____

1154)   8
  x   8
_____

1155)   8
  x   2
_____

1156)   2
    x   2
_____

1157)   5
    x   8
_____

1158)   7
    x   8
_____

1159)   4
    x   7
_____

1160)   1
    x   2
_____

1161)   4
    x   9
_____

1162)   5
    x   5
_____

1163)   3
    x   5
_____

1164)   6
    x   3
_____

1165)   8
    x   9
_____

1166)   4
    x   1
_____

1167)   1
    x   7
_____

1168)   5
    x   9
_____

1169)   6
    x   9
_____

1170)   7
    x   4
_____

1171)   6
   x   7
_____

1172)   3
   x   9
_____

1173)   7
   x   9
_____

1174)   6
   x   1
_____

1175)   5
   x   2
_____

1176)   5
   x   3
_____

1177)   5
   x   1
_____

1178)   3
   x   1
_____

1179)   6
   x   6
_____

1180)   7
   x   6
_____

1181)   1
   x   9
_____

1182)   5
   x   9
_____

1183)   2
   x   8
_____

1184)   5
   x   5
_____

1185)   8
   x   2
_____

1186)   4
  x   8

1187)   6
  x   3

1188)   4
  x   2

1189)   2
  x   2

1190)   8
  x   6

1191)   2
  x   6

1192)   8
  x   2

1193)   6
  x   8

1194)   5
  x   6

1195)   7
  x   3

1196)   9
  x   9

1197)   2
  x   1

1198)   9
  x   3

1199)   5
  x   2

1200)   7
  x   1

1201)	2	1202)	8	1203)	5
x	8	x	6	x	4

1204)	4	1205)	5	1206)	5
x	5	x	3	x	8

1207)	5	1208)	5	1209)	7
x	2	x	5	x	3

1210)	8	1211)	8	1212)	8
x	7	x	4	x	2

1213)	1	1214)	5	1215)	9
x	6	x	6	x	2

1216)	8 x 9	1217)	6 x 5	1218)	6 x 2
1219)	8 x 7	1220)	4 x 6	1221)	8 x 5
1222)	1 x 1	1223)	6 x 7	1224)	4 x 5
1225)	5 x 3	1226)	8 x 1	1227)	7 x 6
1228)	5 x 7	1229)	5 x 8	1230)	4 x 3

1231) 8
     x 2
     ——————

1232) 8
     x 5
     ——————

1233) 9
     x 6
     ——————

1234) 2
     x 1
     ——————

1235) 8
     x 7
     ——————

1236) 5
     x 5
     ——————

1237) 1
     x 4
     ——————

1238) 7
     x 4
     ——————

1239) 5
     x 9
     ——————

1240) 4
     x 6
     ——————

1241) 4
     x 3
     ——————

1242) 6
     x 5
     ——————

1243) 4
     x 2
     ——————

1244) 9
     x 2
     ——————

1245) 8
     x 1
     ——————

1246)   2
   x   1
_____

1247)   9
   x   5
_____

1248)   1
   x   3
_____

1249)   3
   x   5
_____

1250)   8
   x   7
_____

1251)   9
   x   3
_____

1252)   7
   x   2
_____

1253)   3
   x   4
_____

1254)   2
   x   3
_____

1255)   2
   x   4
_____

1256)   1
   x   1
_____

1257)   3
   x   3
_____

1258)   6
   x   8
_____

1259)   2
   x   7
_____

1260)   5
   x   4
_____

1261)	5	1262)	6	1263)	2
x	4	x	6	x	8

1264)	3	1265)	3	1266)	8
x	4	x	7	x	7

1267)	7	1268)	5	1269)	5
x	6	x	9	x	7

1270)	7	1271)	4	1272)	1
x	7	x	6	x	8

1273)	7	1274)	8	1275)	7
x	2	x	2	x	3

1276)	8	1277)	2	1278)	7
x	2	x	4	x	8

1279)	4	1280)	3	1281)	4
x	4	x	2	x	9

1282)	8	1283)	8	1284)	3
x	5	x	6	x	4

1285)	8	1286)	9	1287)	8
x	4	x	1	x	7

1288)	3	1289)	7	1290)	9
x	7	x	1	x	7

1291)　4
　x　7
_____

1292)　9
　x　9
_____

1293)　8
　x　5
_____

1294)　8
　x　7
_____

1295)　7
　x　8
_____

1296)　7
　x　7
_____

1297)　7
　x　3
_____

1298)　7
　x　9
_____

1299)　9
　x　8
_____

1300)　9
　x　5
_____

1301)　4
　x　2
_____

1302)　3
　x　1
_____

1303)　7
　x　2
_____

1304)　3
　x　4
_____

1305)　2
　x　2
_____

1306) 4	1307) 2	1308) 9
x 8	x 6	x 3
———	———	———

1309) 6	1310) 3	1311) 8
x 3	x 4	x 5
———	———	———

1312) 4	1313) 9	1314) 5
x 4	x 6	x 2
———	———	———

1315) 3	1316) 6	1317) 6
x 9	x 4	x 1
———	———	———

1318) 4	1319) 9	1320) 8
x 3	x 1	x 1
———	———	———

1321) 3
    x 6
_____

1322) 8
    x 5
_____

1323) 8
    x 6
_____

1324) 2
    x 8
_____

1325) 7
    x 5
_____

1326) 8
    x 7
_____

1327) 6
    x 4
_____

1328) 2
    x 3
_____

1329) 7
    x 4
_____

1330) 7
    x 8
_____

1331) 7
    x 7
_____

1332) 5
    x 3
_____

1333) 4
    x 8
_____

1334) 7
    x 3
_____

1335) 3
    x 8
_____

1336)   8
    x   5
    _____

1337)   7
    x   6
    _____

1338)   9
    x   4
    _____

1339)   1
    x   5
    _____

1340)   8
    x   8
    _____

1341)   2
    x   4
    _____

1342)   9
    x   1
    _____

1343)   3
    x   5
    _____

1344)   6
    x   4
    _____

1345)   3
    x   3
    _____

1346)   9
    x   7
    _____

1347)   1
    x   7
    _____

1348)   4
    x   8
    _____

1349)   1
    x   1
    _____

1350)   6
    x   2
    _____

| 1351) | 4 | 1352) | 7 | 1353) | 1 |
| | x 2 | | x 4 | | x 2 |

| 1354) | 7 | 1355) | 9 | 1356) | 8 |
| | x 7 | | x 8 | | x 9 |

| 1357) | 8 | 1358) | 3 | 1359) | 8 |
| | x 8 | | x 5 | | x 5 |

| 1360) | 7 | 1361) | 5 | 1362) | 3 |
| | x 6 | | x 1 | | x 3 |

| 1363) | 7 | 1364) | 9 | 1365) | 9 |
| | x 1 | | x 7 | | x 1 |

1366)   4
  x   7
  _____

1367)   4
  x   2
  _____

1368)   3
  x   1
  _____

1369)   1
  x   8
  _____

1370)   9
  x   1
  _____

1371)   8
  x   7
  _____

1372)   8
  x   6
  _____

1373)   5
  x   2
  _____

1374)   6
  x   2
  _____

1375)   5
  x   3
  _____

1376)   6
  x   5
  _____

1377)   7
  x   7
  _____

1378)   6
  x   3
  _____

1379)   2
  x   3
  _____

1380)   2
  x   7
  _____

1381)   5
    x   3
    _____

1382)   6
    x   7
    _____

1383)   1
    x   7
    _____

1384)   2
    x   6
    _____

1385)   7
    x   9
    _____

1386)   9
    x   5
    _____

1387)   1
    x   3
    _____

1388)   9
    x   9
    _____

1389)   6
    x   8
    _____

1390)   2
    x   9
    _____

1391)   3
    x   8
    _____

1392)   2
    x   3
    _____

1393)   3
    x   7
    _____

1394)   9
    x   4
    _____

1395)   9
    x   1
    _____

1396) 9	1397) 2	1398) 4
x 3	x 6	x 6

1399) 6	1400) 7	1401) 2
x 9	x 6	x 2

1402) 2	1403) 5	1404) 6
x 3	x 9	x 5

1405) 4	1406) 9	1407) 2
x 5	x 2	x 4

1408) 3	1409) 6	1410) 3
x 7	x 3	x 5

1411) 7	1412) 1	1413) 8
x 6	x 2	x 9

1414) 8	1415) 9	1416) 5
x 8	x 7	x 8

1417) 3	1418) 3	1419) 9
x 3	x 8	x 5

1420) 4	1421) 7	1422) 2
x 1	x 9	x 1

1423) 6	1424) 1	1425) 6
x 8	x 6	x 6

1426) 1	1427) 4	1428) 7
x 7	x 3	x 9

1429) 1	1430) 8	1431) 6
x 1	x 2	x 6

1432) 3	1433) 6	1434) 9
x 6	x 1	x 3

1435) 1	1436) 9	1437) 8
x 5	x 6	x 7

1438) 2	1439) 3	1440) 6
x 5	x 5	x 3

1441)	6	1442)	4	1443)	8
x	6	x	9	x	8

1444)	6	1445)	3	1446)	9
x	7	x	8	x	6

1447)	9	1448)	4	1449)	5
x	1	x	7	x	2

1450)	3	1451)	2	1452)	7
x	2	x	5	x	2

1453)	1	1454)	6	1455)	7
x	7	x	2	x	4

1456)	6	1457)	6	1458)	6
x	4	x	3	x	2

1459)	1	1460)	6	1461)	4
x	5	x	5	x	2

1462)	6	1463)	3	1464)	5
x	1	x	8	x	6

1465)	9	1466)	8	1467)	6
x	4	x	4	x	6

1468)	4	1469)	2	1470)	8
x	4	x	9	x	7

1471) 2
 x   6
_____

1472) 9
 x   8
_____

1473) 5
 x   2
_____

1474) 7
 x   9
_____

1475) 5
 x   6
_____

1476) 7
 x   1
_____

1477) 8
 x   9
_____

1478) 7
 x   3
_____

1479) 5
 x   7
_____

1480) 3
 x   4
_____

1481) 1
 x   4
_____

1482) 9
 x   4
_____

1483) 9
 x   5
_____

1484) 1
 x   2
_____

1485) 3
 x   7
_____

1486)	8	1487)	7	1488)	9
x	9	x	3	x	4

1489)	4	1490)	7	1491)	7
x	3	x	7	x	2

1492)	3	1493)	8	1494)	3
x	7	x	2	x	8

1495)	1	1496)	2	1497)	7
x	7	x	4	x	6

1498)	6	1499)	1	1500)	3
x	8	x	5	x	4

Answers

1) 12	2) 8	3) 24
4) 36	5) 4	6) 40
7) 4	8) 6	9) 27
10) 24	11) 3	12) 64
13) 10	14) 12	15) 27
16) 72	17) 8	18) 8
19) 18	20) 40	21) 2
22) 16	23) 24	24) 4
25) 9	26) 45	27) 10
28) 16	29) 25	30) 1
31) 48	32) 63	33) 15
34) 24	35) 40	36) 81
37) 18	38) 4	39) 42
40) 18	41) 48	42) 1
43) 45	44) 2	45) 27
46) 24	47) 15	48) 20
49) 28	50) 42	51) 6
52) 40	53) 3	54) 8
55) 25	56) 12	57) 14
58) 5	59) 16	60) 56

61) 25	62) 27	63) 6
64) 10	65) 9	66) 16
67) 36	68) 16	69) 36
70) 4	71) 4	72) 6
73) 15	74) 36	75) 32
76) 49	77) 56	78) 27
79) 5	80) 8	81) 6
82) 72	83) 6	84) 2
85) 18	86) 18	87) 54
88) 40	89) 32	90) 18
91) 45	92) 18	93) 1
94) 42	95) 18	96) 35
97) 48	98) 4	99) 10
100) 32	101) 45	102) 81
103) 3	104) 20	105) 6
106) 24	107) 36	108) 81
109) 48	110) 8	111) 10
112) 16	113) 21	114) 32
115) 12	116) 2	117) 4
118) 45	119) 15	120) 40

121) 18	122) 6	123) 6
124) 5	125) 54	126) 8
127) 14	128) 21	129) 2
130) 55	131) 20	132) 64
133) 14	134) 1	135) 32
136) 48	137) 4	138) 24
139) 18	140) 16	141) 6
142) 12	143) 20	144) 40
145) 48	146) 6	147) 8
148) 21	149) 7	150) 4
151) 48	152) 24	153) 49
154) 24	155) 10	156) 54
157) 63	158) 32	159) 20
160) 8	161) 24	162) 28
163) 15	164) 25	165) 27
166) 8	167) 6	168) 72
169) 64	170) 15	171) 12
172) 63	173) 12	174) 81
175) 8	176) 3	177) 56
178) 27	179) 5	180) 54

181) 35	182) 4	183) 36
184) 35	185) 4	186) 6
187) 32	188) 9	189) 28
190) 10	191) 20	192) 36
193) 12	194) 21	195) 54
196) 49	197) 24	198) 7
199) 15	200) 6	201) 54
202) 2	203) 48	204) 7
205) 12	206) 18	207) 54
208) 42	209) 20	210) 12
211) 24	212) 18	213) 8
214) 40	215) 18	216) 12
217) 12	218) 8	219) 72
220) 21	221) 20	222) 4
223) 12	224) 12	225) 5
226) 4	227) 12	228) 10
229) 16	230) 30	231) 15
232) 18	233) 21	234) 81
235) 3	236) 5	237) 15
238) 64	239) 12	240) 30

241) 49	242) 6	243) 81
244) 35	245) 16	246) 42
247) 10	248) 18	249) 63
250) 3	251) 18	252) 63
253) 12	254) 3	255) 48
256) 30	257) 81	258) 14
259) 72	260) 10	261) 6
262) 20	263) 16	264) 3
265) 32	266) 54	267) 4
268) 32	269) 8	270) 64
271) 56	272) 48	273) 8
274) 24	275) 2	276) 45
277) 1	278) 27	279) 40
280) 30	281) 72	282) 12
283) 32	284) 35	285) 36
286) 5	287) 8	288) 12
289) 2	290) 21	291) 14
292) 30	293) 72	294) 8
295) 40	296) 2	297) 32
298) 63	299) 18	300) 18

301) 25	302) 2	303) 2
304) 9	305) 21	306) 9
307) 14	308) 4	309) 54
310) 56	311) 8	312) 5
313) 56	314) 27	315) 12
316) 7	317) 16	318) 24
319) 8	320) 30	321) 5
322) 21	323) 21	324) 45
325) 9	326) 72	327) 12
328) 12	329) 3	330) 4
331) 30	332) 64	333) 6
334) 18	335) 81	336) 7
337) 2	338) 42	339) 63
340) 12	341) 30	342) 54
343) 63	344) 45	345) 7
346) 30	347) 7	348) 6
349) 27	350) 12	351) 16
352) 42	353) 5	354) 5
355) 8	356) 2	357) 35
358) 63	359) 21	360) 6

361) 2	362) 72	363) 32
364) 3	365) 63	366) 72
367) 54	368) 9	369) 36
370) 10	371) 81	372) 27
373) 20	374) 35	375) 3
376) 54	377) 36	378) 25
379) 5	380) 7	381) 12
382) 14	383) 21	384) 27
385) 81	386) 72	387) 10
388) 15	389) 16	390) 15
391) 5	392) 10	393) 3
394) 8	395) 48	396) 12
397) 9	398) 63	399) 54
400) 81	401) 36	402) 21
403) 18	404) 63	405) 28
406) 32	407) 64	408) 2
409) 81	410) 14	411) 72
412) 10	413) 63	414) 32
415) 24	416) 35	417) 3
418) 16	419) 40	420) 6

421) 20	422) 72	423) 32
424) 16	425) 6	426) 25
427) 4	428) 1	429) 21
430) 18	431) 8	432) 64
433) 6	434) 7	435) 8
436) 2	437) 64	438) 56
439) 24	440) 72	441) 27
442) 72	443) 18	444) 27
445) 24	446) 40	447) 45
448) 54	449) 48	450) 28
451) 4	452) 21	453) 28
454) 12	455) 45	456) 25
457) 6	458) 64	459) 56
460) 16	461) 24	462) 45
463) 72	464) 2	465) 2
466) 18	467) 49	468) 10
469) 45	470) 8	471) 24
472) 56	473) 16	474) 18
475) 15	476) 12	477) 35
478) 20	479) 56	480) 3

481) 9	482) 10	483) 15
484) 12	485) 28	486) 20
487) 4	488) 28	489) 72
490) 12	491) 35	492) 48
493) 1	494) 9	495) 40
496) 40	497) 9	498) 36
499) 36	500) 14	501) 6
502) 63	503) 6	504) 12
505) 63	506) 14	507) 28
508) 72	509) 40	510) 35
511) 21	512) 10	513) 16
514) 48	515) 18	516) 42
517) 4	518) 12	519) 6
520) 72	521) 72	522) 3
523) 12	524) 2	525) 14
526) 24	527) 18	528) 8
529) 16	530) 16	531) 9
532) 18	533) 8	534) 56
535) 45	536) 64	537) 6
538) 54	539) 32	540) 36

541) 6	542) 6	543) 1
544) 9	545) 40	546) 56
547) 2	548) 2	549) 45
550) 24	551) 14	552) 40
553) 3	554) 42	555) 8
556) 14	557) 12	558) 16
559) 42	560) 4	561) 32
562) 18	563) 5	564) 40
565) 48	566) 20	567) 49
568) 24	569) 8	570) 1
571) 32	572) 28	573) 4
574) 48	575) 81	576) 10
577) 1	578) 18	579) 48
580) 30	581) 32	582) 6
583) 7	584) 27	585) 6
586) 36	587) 72	588) 9
589) 81	590) 72	591) 35
592) 18	593) 45	594) 49
595) 20	596) 9	597) 2
598) 15	599) 6	600) 12

601) 6	602) 15	603) 24
604) 18	605) 1	606) 7
607) 45	608) 12	609) 81
610) 27	611) 21	612) 4
613) 9	614) 20	615) 30
616) 4	617) 40	618) 18
619) 9	620) 1	621) 12
622) 72	623) 27	624) 49
625) 7	626) 15	627) 6
628) 12	629) 54	630) 20
631) 16	632) 18	633) 21
634) 18	635) 9	636) 28
637) 24	638) 81	639) 54
640) 40	641) 20	642) 72
643) 56	644) 24	645) 14
646) 5	647) 2	648) 63
649) 48	650) 49	651) 15
652) 8	653) 16	654) 27
655) 6	656) 9	657) 30
658) 14	659) 40	660) 35

661) 25	662) 12	663) 72
664) 7	665) 20	666) 10
667) 5	668) 6	669) 15
670) 28	671) 5	672) 56
673) 6	674) 64	675) 18
676) 3	677) 42	678) 32
679) 12	680) 30	681) 24
682) 24	683) 36	684) 6
685) 8	686) 3	687) 18
688) 27	689) 45	690) 72
691) 56	692) 20	693) 6
694) 4	695) 15	696) 24
697) 7	698) 54	699) 18
700) 5	701) 6	702) 18
703) 49	704) 12	705) 21
706) 16	707) 36	708) 56
709) 21	710) 1	711) 27
712) 8	713) 6	714) 56
715) 8	716) 45	717) 14
718) 7	719) 72	720) 2

721) 45	722) 20	723) 42
724) 6	725) 1	726) 16
727) 54	728) 36	729) 8
730) 45	731) 21	732) 12
733) 7	734) 48	735) 18
736) 15	737) 30	738) 64
739) 7	740) 24	741) 24
742) 20	743) 16	744) 14
745) 72	746) 35	747) 18
748) 5	749) 72	750) 8
751) 72	752) 25	753) 7
754) 5	755) 27	756) 10
757) 72	758) 54	759) 32
760) 8	761) 4	762) 48
763) 48	764) 12	765) 18
766) 40	767) 42	768) 14
769) 45	770) 35	771) 81
772) 10	773) 54	774) 15
775) 7	776) 21	777) 48
778) 49	779) 4	780) 64

781) 4	782) 8	783) 8
784) 20	785) 5	786) 56
787) 6	788) 20	789) 21
790) 45	791) 9	792) 30
793) 63	794) 3	795) 72
796) 2	797) 72	798) 45
799) 6	800) 27	801) 16
802) 30	803) 4	804) 72
805) 42	806) 36	807) 40
808) 21	809) 3	810) 12
811) 24	812) 3	813) 4
814) 28	815) 2	816) 32
817) 18	818) 9	819) 63
820) 16	821) 7	822) 7
823) 21	824) 9	825) 42
826) 20	827) 24	828) 3
829) 2	830) 56	831) 81
832) 18	833) 14	834) 21
835) 36	836) 18	837) 64
838) 5	839) 20	840) 35

841) 12	842) 36	843) 20
844) 20	845) 25	846) 18
847) 48	848) 1	849) 16
850) 30	851) 15	852) 10
853) 27	854) 16	855) 18
856) 4	857) 9	858) 48
859) 18	860) 12	861) 40
862) 35	863) 4	864) 9
865) 12	866) 45	867) 3
868) 1	869) 20	870) 2
871) 56	872) 8	873) 72
874) 64	875) 27	876) 9
877) 16	878) 35	879) 8
880) 20	881) 45	882) 28
883) 25	884) 21	885) 18
886) 2	887) 12	888) 6
889) 4	890) 28	891) 21
892) 20	893) 18	894) 18
895) 24	896) 35	897) 42
898) 8	899) 30	900) 36

901) 30	902) 2	903) 1
904) 16	905) 45	906) 35
907) 14	908) 4	909) 42
910) 8	911) 16	912) 12
913) 30	914) 32	915) 63
916) 2	917) 16	918) 35
919) 12	920) 12	921) 3
922) 6	923) 1	924) 36
925) 6	926) 5	927) 72
928) 63	929) 10	930) 6
931) 24	932) 27	933) 45
934) 18	935) 16	936) 72
937) 3	938) 4	939) 12
940) 12	941) 63	942) 5
943) 64	944) 20	945) 21
946) 7	947) 18	948) 2
949) 3	950) 15	951) 72
952) 3	953) 32	954) 5
955) 49	956) 12	957) 24
958) 4	959) 14	960) 8

961) 7	962) 35	963) 64
964) 15	965) 8	966) 4
967) 20	968) 48	969) 27
970) 5	971) 45	972) 2
973) 54	974) 14	975) 16
976) 20	977) 3	978) 45
979) 1	980) 30	981) 42
982) 16	983) 8	984) 18
985) 81	986) 21	987) 10
988) 12	989) 8	990) 14
991) 1	992) 40	993) 12
994) 27	995) 42	996) 81
997) 72	998) 24	999) 4
1000) 63	1001) 21	1002) 45
1003) 5	1004) 16	1005) 49
1006) 56	1007) 1	1008) 4
1009) 32	1010) 7	1011) 18
1012) 5	1013) 6	1014) 24
1015) 45	1016) 35	1017) 42
1018) 2	1019) 12	1020) 18

1021) 24	1022) 25	1023) 49
1024) 8	1025) 5	1026) 30
1027) 5	1028) 15	1029) 8
1030) 2	1031) 35	1032) 9
1033) 16	1034) 54	1035) 18
1036) 9	1037) 35	1038) 16
1039) 28	1040) 63	1041) 12
1042) 40	1043) 8	1044) 56
1045) 5	1046) 42	1047) 40
1048) 48	1049) 8	1050) 4
1051) 49	1052) 9	1053) 24
1054) 16	1055) 21	1056) 9
1057) 6	1058) 7	1059) 18
1060) 21	1061) 6	1062) 12
1063) 12	1064) 63	1065) 45
1066) 56	1067) 24	1068) 28
1069) 8	1070) 40	1071) 6
1072) 30	1073) 45	1074) 6
1075) 36	1076) 12	1077) 8
1078) 6	1079) 63	1080) 54

1081) 7	1082) 18	1083) 48
1084) 4	1085) 21	1086) 36
1087) 18	1088) 12	1089) 14
1090) 1	1091) 8	1092) 6
1093) 24	1094) 2	1095) 24
1096) 27	1097) 30	1098) 16
1099) 1	1100) 12	1101) 9
1102) 18	1103) 63	1104) 48
1105) 20	1106) 36	1107) 42
1108) 18	1109) 54	1110) 3
1111) 40	1112) 10	1113) 1
1114) 14	1115) 56	1116) 7
1117) 8	1118) 24	1119) 14
1120) 54	1121) 49	1122) 24
1123) 20	1124) 2	1125) 2
1126) 35	1127) 40	1128) 56
1129) 16	1130) 35	1131) 18
1132) 8	1133) 48	1134) 16
1135) 24	1136) 7	1137) 18
1138) 45	1139) 3	1140) 45

1141) 5	1142) 18	1143) 42
1144) 30	1145) 28	1146) 7
1147) 12	1148) 42	1149) 10
1150) 18	1151) 7	1152) 56
1153) 21	1154) 64	1155) 16
1156) 4	1157) 40	1158) 56
1159) 28	1160) 2	1161) 36
1162) 25	1163) 15	1164) 18
1165) 72	1166) 4	1167) 7
1168) 45	1169) 54	1170) 28
1171) 42	1172) 27	1173) 63
1174) 6	1175) 10	1176) 15
1177) 5	1178) 3	1179) 36
1180) 42	1181) 9	1182) 45
1183) 16	1184) 25	1185) 16
1186) 32	1187) 18	1188) 8
1189) 4	1190) 48	1191) 12
1192) 16	1193) 48	1194) 30
1195) 21	1196) 81	1197) 2
1198) 27	1199) 10	1200) 7

1201) 16	1202) 48	1203) 20
1204) 20	1205) 15	1206) 40
1207) 10	1208) 25	1209) 21
1210) 56	1211) 32	1212) 16
1213) 6	1214) 30	1215) 18
1216) 72	1217) 30	1218) 12
1219) 56	1220) 24	1221) 40
1222) 1	1223) 42	1224) 20
1225) 15	1226) 8	1227) 42
1228) 35	1229) 40	1230) 12
1231) 16	1232) 40	1233) 54
1234) 2	1235) 56	1236) 25
1237) 4	1238) 28	1239) 45
1240) 24	1241) 12	1242) 30
1243) 8	1244) 18	1245) 8
1246) 2	1247) 45	1248) 3
1249) 15	1250) 56	1251) 27
1252) 14	1253) 12	1254) 6
1255) 8	1256) 1	1257) 9
1258) 48	1259) 14	1260) 20

1261) 20	1262) 36	1263) 16
1264) 12	1265) 21	1266) 56
1267) 42	1268) 45	1269) 35
1270) 49	1271) 24	1272) 8
1273) 14	1274) 16	1275) 21
1276) 16	1277) 8	1278) 56
1279) 16	1280) 6	1281) 36
1282) 40	1283) 48	1284) 12
1285) 32	1286) 9	1287) 56
1288) 21	1289) 7	1290) 63
1291) 28	1292) 81	1293) 40
1294) 56	1295) 56	1296) 49
1297) 21	1298) 63	1299) 72
1300) 45	1301) 8	1302) 3
1303) 14	1304) 12	1305) 4
1306) 32	1307) 12	1308) 27
1309) 18	1310) 12	1311) 40
1312) 16	1313) 54	1314) 10
1315) 27	1316) 24	1317) 6
1318) 12	1319) 9	1320) 8

1321) 18	1322) 40	1323) 48
1324) 16	1325) 35	1326) 56
1327) 24	1328) 6	1329) 28
1330) 56	1331) 49	1332) 15
1333) 32	1334) 21	1335) 24
1336) 40	1337) 42	1338) 36
1339) 5	1340) 64	1341) 8
1342) 9	1343) 15	1344) 24
1345) 9	1346) 63	1347) 7
1348) 32	1349) 1	1350) 12
1351) 8	1352) 28	1353) 2
1354) 49	1355) 72	1356) 72
1357) 64	1358) 15	1359) 40
1360) 42	1361) 5	1362) 9
1363) 7	1364) 63	1365) 9
1366) 28	1367) 8	1368) 3
1369) 8	1370) 9	1371) 56
1372) 48	1373) 10	1374) 12
1375) 15	1376) 30	1377) 49
1378) 18	1379) 6	1380) 14

1381) 15	1382) 42	1383) 7
1384) 12	1385) 63	1386) 45
1387) 3	1388) 81	1389) 48
1390) 18	1391) 24	1392) 6
1393) 21	1394) 36	1395) 9
1396) 27	1397) 12	1398) 24
1399) 54	1400) 42	1401) 4
1402) 6	1403) 45	1404) 30
1405) 20	1406) 18	1407) 8
1408) 21	1409) 18	1410) 15
1411) 42	1412) 2	1413) 72
1414) 64	1415) 63	1416) 40
1417) 9	1418) 24	1419) 45
1420) 4	1421) 63	1422) 2
1423) 48	1424) 6	1425) 36
1426) 7	1427) 12	1428) 63
1429) 1	1430) 16	1431) 36
1432) 18	1433) 6	1434) 27
1435) 5	1436) 54	1437) 56
1438) 10	1439) 15	1440) 18

1441) 36	1442) 36	1443) 64
1444) 42	1445) 24	1446) 54
1447) 9	1448) 28	1449) 10
1450) 6	1451) 10	1452) 14
1453) 7	1454) 12	1455) 28
1456) 24	1457) 18	1458) 12
1459) 5	1460) 30	1461) 8
1462) 6	1463) 24	1464) 30
1465) 36	1466) 32	1467) 36
1468) 16	1469) 18	1470) 56
1471) 12	1472) 72	1473) 10
1474) 63	1475) 30	1476) 7
1477) 72	1478) 21	1479) 35
1480) 12	1481) 4	1482) 36
1483) 45	1484) 2	1485) 21
1486) 72	1487) 21	1488) 36
1489) 12	1490) 49	1491) 14
1492) 21	1493) 16	1494) 24
1495) 7	1496) 8	1497) 42
1498) 48	1499) 5	1500) 12

Made in the USA
Columbia, SC
02 June 2025

58804137R00076